Paulo Cesar Gil

Petrópolis

© 2001, 2017, Editora Vozes Ltda.
Rua Frei Luís, 100
25689-900 Petrópolis, RJ
www.vozes.com.br
Brasil

Todos os direitos reservados. Nenhuma parte desta obra poderá ser reproduzida ou transmitida por qualquer forma e/ou quaisquer meios (eletrônico ou mecânico, incluindo fotocópia e gravação) ou arquivada em qualquer sistema ou banco de dados sem permissão escrita da editora.

CONSELHO EDITORIAL
Diretor
Volney J. Berkenbrock

Editores
Aline dos Santos Carneiro
Edrian Josué Pasini
José Maria da Silva
Marilac Loraine Oleniki

Conselheiros
Elói Dionísio Piva
Francisco Morás
Gilberto Gonçalves Garcia
Ludovico Garmus
Teobaldo Heidemann

Secretário executivo
Leonardo A.R.T. dos Santos

Projeto gráfico e diagramação: Ana Maria Oleniki
Revisão: Francine Porfirio Ortiz
Capa: Ana Maria Oleniki

Dados Internacionais de Catalogação na Publicação (CIP)
(Câmara Brasileira do Livro, SP, Brasil)

Gil, Paulo Cesar
    Quem é o catequizando? / Paulo Cesar Gil. – 5. ed. revista e atualizada – Petrópolis, RJ : Vozes, 2017.

    Bibliografia.

    1ª reimpressão, 2023.

    ISBN 978-85-326-5343-7

    1. Catequese – Igreja Católica I. Título.

16-07423   CDD-268.6

Índices para catálogo sistemático :
1. Catequese e liturgia : Cristianismo 268.6

Este livro foi composto e impresso pela Editora Vozes Ltda.

Sumário

I — Psicopedagogia e Catequese _____ 5

II — Conhecer as pessoas e o conteúdo _____ 13
no processo catequético

III — Competências cognitivas e _____ 29
socioemocionais

IV — O catequizando e suas diferentes idades ___ 35

1 — 4 a 6 anos _____ 40
A Boa Nova aos pequeninos

2 — 7 a 8 anos _____ 44
Descobrindo o rosto de Deus e o mundo na
experiência de vida familiar, escolar e eclesial

3 — 9 a 10 anos _____ 49
Ao encontro do amigo Jesus

4 — 11 a 13 anos _____ 52
Uma expressão de fé

5 — 14 a 16 anos _____ 55
Seguindo Jesus com a fé e o coração

6 — 17 a 25 anos _____ 58
Caminhando com Jesus

Concluindo _____ 62
Referências _____ 63

SIGLAS

DOCUMENTOS DA IGREJA:

CalC – Catecismo da Igreja Católica

DAp – Documento de Aparecida

DGC – Diretório Geral para a Catequese

DNC – Diretório Nacional da Catequese

TEXTOS BÍBLICOS:

Mt – Evangelho de Mateus

Mc – Evangelho de Marcos

Lc – Evangelho de Lucas

Jo – Evangelho de João

At – Livro dos Atos dos Apóstolos

Ef – Carta aos Efésios

1Jo – Primeira Carta de João

I
Psicopedagogia e Catequese

" A leitura do mundo precede a leitura das palavras. (Paulo Freire, 1989) "

Nós, catequistas, com cada turma de catequese, nos deparamos com a necessidade de refletir um pouco mais sobre nossa missão a cada ano. Para isso, buscamos recursos e ferramentas visando ser um bom catequista! Sim, ser um bom catequista.

 Vejamos o por quê...

Quando Jesus disse "Eu sou o Bom Pastor" (Jo 10,11.14), indicava aos seus discípulos que toda a sua vida, sua missão, seria marcada pela constante vontade de ver o outro mais feliz, mais livre, mais amado, mais comprometido... E para isso, seguindo a vontade do Pai, Ele assumiu um projeto de vida: Amar e Servir. Assim, revelou-se como um pastor que cuidava muito bem de seu rebanho, ciente de que cada um é único e, por amor, é capaz de colocar a sua própria vida em risco. Era a revelação da bondade do Pai, o Bom Pastor capaz de oferecer o seu melhor.

Aqui está o segredo para se revelar a Boa Nova aos catequizandos:

Tornar a catequese espaço de cuidado, ternura e amor. Isto a faz mais viva, empolgante e comprometida com as palavras e os ensinamentos de Jesus Cristo.

A Igreja que confia aos catequistas a missão de evangelizar espera que todos se tornem, a exemplo de Jesus, pessoas de fé que se deixam levar pelo Espírito, se encantar com as palavras do Senhor e ter os olhos fixos nele. Espera que todos sejam capazes de ouvir e acolher os seus ensinamentos, permanecendo firmes na caminhada para contemplar o seu rosto.

Aos poucos, todo catequista que se dedica com alegria ao anúncio do Evangelho vai se confirmando como educador da fé. Uma vez formado na escola do Mestre, a alegria de anunciar a Ele e sua Palavra o motiva na missão de catequizar, evangelizando e evangelizando-se.

A catequese é um processo de educação que tem por objetivo ajudar cada pessoa em seu amadurecimento de fé. Nesse processo, é necessário levar as pessoas à experiência do encantamento por Jesus Cristo. É, portanto, um processo de educação da fé que precisa considerar, entre os interlocutores, as diferentes idades e realidades que exigem do catequista uma atenção especial para promover o desenvolvimento humano em todas as suas dimensões.

A vida é marcada por etapas de um ciclo vital. Tais etapas indicam que o ser humano vive um grande processo de desenvolvimento, de modo que cada faixa etária é fortemente identificada e configurada por habilidades, competências e limitações próprias.

Etapas do CICLO VITAL

- Concepção, gestação e parto
- Primeira infância
- Segunda infância
- Puberdade e adolescência
- Juventude
- Vida adulta jovem
- Vida adulta média
- Vida adulta tardia
- Velhice
- Morte

Essas informações contribuem para que o catequista compreenda os processos de desenvolvimento inerentes ao ser humano e acredite na necessidade e possibilidade de formá-lo como sujeito, um ser de relações. E mais, um ser religioso que pode se tornar um bom cristão presente na sociedade.

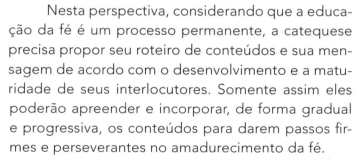

Os processos de desenvolvimento humano são: espiritual, moral, físico, emocional, social, cognitivo

Nesta perspectiva, considerando que a educação da fé é um processo permanente, a catequese precisa propor seu roteiro de conteúdos e sua mensagem de acordo com o desenvolvimento e a maturidade de seus interlocutores. Somente assim eles poderão apreender e incorporar, de forma gradual e progressiva, os conteúdos para darem passos firmes e perseverantes no amadurecimento da fé.

Para isso, podemos recorrer à Psicopedagogia ao planejar e descobrir novas metodologias com suas estratégias e ferramentas que facilitam o aprendizado, a apropriação da mensagem do Evangelho, a inclusão dos catequizandos – não somente no espaço catequético, mas também na comunidade eclesial –, contribuindo de forma efetiva para uma formação humano-cristã.

Contribuição da Psicopedagogia para a catequese

PSICOPEDAGOGIA?
O que é isso?

A Psicopedagogia é a ciência que estuda como as pessoas constroem o conhecimento. Para isso, integra de modo harmônico os princípios e conhecimentos de outras ciências, como da Psicolinguística, Neurologia, Fonoaudiologia e, especialmente, Psicologia e Pedagogia. Isto para apropriar-se sobre como ocorre o processo de aprendizagem considerando os sujeitos (crianças, adolescentes, jovens, adultos e idosos) em sua relação com o aprender, envolvendo tanto as facilidades quanto as dificuldades na construção do saber e do saber fazer.

> **Conhecimento** (do latim *cognoscere*) é o "ato de conhecer" por meio de estudo ou experiência

O processo de aprendizagem é mediado pelo educador que desafia seus interlocutores a tornarem-se sujeitos ativos na construção de suas aprendizagens. O educador apoia-se, especialmente, na contribuição da Psicologia e da Pedagogia que, com seus conceitos e suas práticas, o ajudam a concretizar seus objetivos de modo a atender devidamente as diferenças e a maturidade de seus interlocutores, "a dosar" o que, como e quando apresentar os conteúdos necessários ao seu desenvolvimento.

A grande contribuição da Psicopedagogia é dar suporte ao educador da fé, ajudando-o a perceber os diversos fatores que impedem o catequizando de aprender e compreender a mensagem transmitida. Estes fatores acarretam uma série de prejuízos para o sujeito em relação à motivação, autoconfiança e relacionamento interpessoal, o que gera ansiedade, frustração e um impacto negativo em seu estado emocional, interferindo em seu amadurecimento.

Para a catequese podemos dizer que entender como o sujeito aprende ajuda nas dificuldades observadas, tais como: desinteresse, falta de motivação pessoal e dificuldade para compreender a mensagem. Estes e outros aspectos desencadeiam o impacto negativo gerado por questões apresentadas ao longo do itinerário da fé, comprometendo sua participação e seu entendimento da mensagem.

Certos de que

> "a finalidade da Catequese é aprofundar o primeiro anúncio do Evangelho: levar o catequizando a conhecer, acolher, celebrar e vivenciar o mistério de Deus, manifestado em Jesus Cristo, que nos revela o Pai e nos envia o Espírito Santo..." (DNC 43),

compreende-se que cabe ao catequista o cuidado de observar como anunciar Jesus. Esse cuidado pressupõe a forma como o conteúdo, os recursos, os métodos e as metodologias são aplicados na catequese para as diferentes idades.

Isto pode-se realizar à luz da Pedagogia de Jesus que, com seu modo de agir e revelar o Plano do Pai, nos orienta sobre ser preciso anunciar a Palavra e ensinar a todos de modo que possam compreendê-la (cf. Mc 4,33).

No processo de educação da fé, a catequese não pode lançar seu olhar somente sobre as dificuldades relacionadas às lacunas religiosas que identifica no decorrer do acompanhamento de seus catequizandos. Suas estratégias de ação pedagógico-catequéticas precisam também partir das características da faixa etária e realidade sociocultural de seus interlocutores para apresentar a Boa Nova de maneira acessível e coerente, usando linguagem e recursos que viabilizem uma iniciação cristã integral, numa dinâmica que se efetiva na interação fé e vida. Essa perspectiva define o ato de evangelizar como sendo também um ato de educar, que se constitui na catequese como caminho orgânico e ordenado para a libertação da pessoa e sua transformação.

Para tanto, é preciso perceber que o desenvolvimento religioso e intelectual interagem entre si. O amadurecimento intelectual explica por que o ser humano vai se desenvolvendo e se tornando gradualmente capaz de se aventurar na busca de novas descobertas e habilidades. O amadurecimento religioso possibilita a compreensão dos passos propostos no itinerário da fé, em vista da descoberta e experiência do sagrado ao discipulado, da ideia de Deus à prática religiosa.

Ciente disso, como um momento privilegiado da evangelização, a catequese de iniciação precisa contribuir para o amadurecimento da fé, oferecendo meios para que o catequizando se torne membro de uma comunidade cristã, discípulo missionário de Jesus Cristo. Precisa, então, proporcionar uma educação da fé de forma orgânica e sistemática, desenvolvida por meio de uma proposta pedagógico-catequética capaz de atender as diferenças etárias de seus interlocutores (cf. DNC 179).

A Psicopedagogia, portanto, facilita a ação catequética no processo de educação da fé de diferentes interlocutores ao propiciar aos catequistas o embasamento teórico-prático para identificar os elementos que compõem o desenvolvimento humano, suas características de aprendizagem e os estágios da fé. Assim, ao dominar tal fundamentação, o catequista pode realizar o seu planejamento contemplando capacidades e níveis de maturidade dos seus interlocutores, considerando em sua prática evangelizadora as dimensões do ser humano e suas prontidões para compreender e assimilar a mensagem que se quer transmitir.

A contribuição da Psicopedagogia à catequese se amplia ao ajudar o catequista a apropriar-se de recursos adequados para orientar o catequizando efetiva e afetivamente a realizar o caminho de experiência de fé.

PARA ENTENDER MELHOR O QUE VIMOS

 Faça uma análise individual de seus catequizandos a partir das palavras do gráfico, observando as conquistas e possíveis dificuldades no processo de aprendizagem. Registre suas observações e procure identificar as causas.

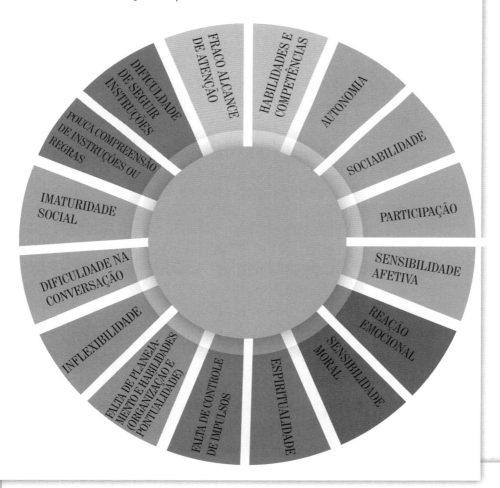

A partir desse exercício, identifique o perfil do seu grupo e o que precisa adequar na sua prática catequética para valorizar as conquistas de seus catequizandos e ajudá-los na superação das dificuldades, colaborando para que se sintam mais acolhidos e amados.

Anotações

II

Conhecer as pessoas e o conteúdo no processo catequético

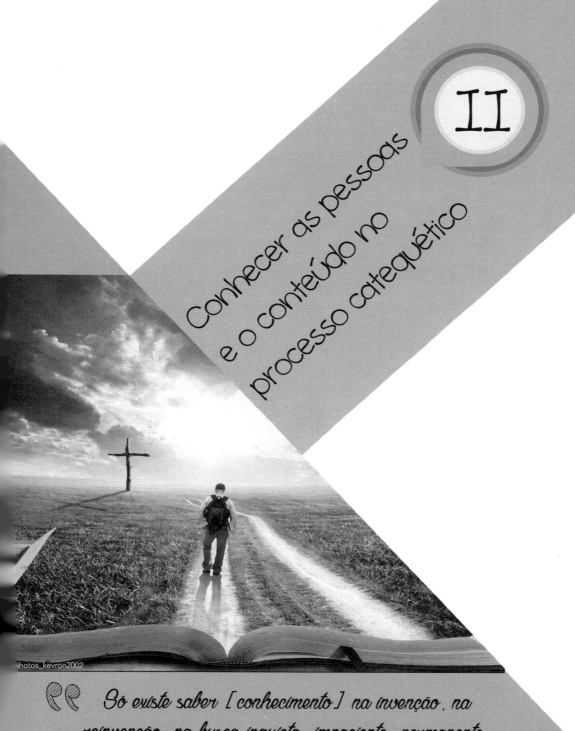

> Só existe saber [conhecimento] na invenção, na reinvenção, na busca inquieta, impaciente, permanente, que os homens fazem no mundo, com o mundo e com os outros. (Paulo Freire, 2003)

Conhecer no processo catequético...

Toda ação catequética leva seus interlocutores ao conhecimento de sua identidade cristã. Para isso, desde os primeiros passos, vão percorrendo um caminho, construindo o itinerário da fé. O tempo e os lugares necessários, os conteúdos da fé apresentados, as pessoas envolvidas e comprometidas, da família e da comunidade, são fundamentais para as etapas de todo o processo.

MAS... O QUE É UM PROCESSO?

Processo é a ação continuada de alguma atividade, um conjunto sequencial de ações, fatos ou operações que apresentam uma unidade entre si. Existem diferentes processos que envolvem o ser humano: nas organizações empresariais, o processo de construção das identidades; na sociedade, o processo de comunicação e socialização; na educação, o processo de construção do conhecimento. Dentre tantos outros, o processo de desenvolvimento humano é muito importante para a catequese.

No caso da catequese, o processo se configura pela construção de uma educação permanente da fé, ou seja, de um itinerário da fé em que se conhece o Projeto do Pai revelado por Jesus e anunciado pela Igreja.

Para isso, é preciso considerar:

- O tempo necessário para a sua realização.
- Os objetivos a serem atingidos.
- As condições favoráveis para um bom desenvolvimento do conteúdo e do crescimento dos catequizandos.

Sim! A catequese deverá acompanhar o catequizando em seu crescimento, pois temos diante de nós alguém que busca ser, na comunidade e no mundo, um cristão comprometido com a construção do Reino. Por isso, é urgente e necessária "uma comunidade cristã que acolha os iniciados para sustentá-los e formá-los na fé" (DGC 69).

A catequese será um processo de educação permanente da fé

▸ **Onde crescem, juntos, o homem e o cristão.**

Com a contribuição do catequista, o catequizando cresce como ser humano ao valorizar as capacidades de sua natureza e cresce, também, como cristão ao despertar-se para Deus e para a vida na comunidade.

▸ **Onde a Boa Nova é proclamada para nos transformar.**

Proclamar é anunciar solenemente. Sendo assim, precisamos anunciar a Boa Nova de Jesus – Palavra de Deus Pai – com entusiasmo para que, encontrando lugar no coração dos catequizandos, ela seja guardada como um tesouro e realize em todos uma profunda transformação no seu modo de ser e agir consigo mesmo, com o próximo, com a natureza e com Deus.

▸ **Onde existe estímulo para a construção do Reino de Deus.**

Impulsionada pela Palavra, a catequese pode contribuir, e muito, motivando os catequizandos para a construção de um mundo melhor, cheio de paz, de alegria, de esperança. Assim, convida-os para serem Igreja--sinal presente no mundo, como sal da terra e luz, comunidade de fé e de comunhão.

▸ **Onde o catequista é mediador na transmissão da fé.**

Nesse processo o catequista é o mediador do mistério de Deus, que há de ser revelado na catequese, para que a mensagem cristã seja compreendida, acolhida e aprofundada. Como catequistas seguidores de Jesus, precisamos ficar atentos aos passos que damos e, a seu exemplo, assumir sua missão.

> "ele se faz catequista do Reino de Deus para todas as categorias e pessoas: grandes e pequenos, ricos e pobres, sãos e enfermos, próximos e distantes, judeus e gentios, homens e mulheres, justos e pecadores, povo e autoridades, indivíduos e grupos... É disponível a cada pessoa e se interessa por todas as suas necessidades." (DGC 163)

Para que esse processo aconteça, é preciso, antes de tudo, saber a quem vamos anunciar: Jesus Cristo.

> "Quando cresce no cristão a consciência de pertencer a Cristo, em razão da gratuidade e alegria que produz, cresce também o ímpeto de comunicar a todos o dom desse encontro. A missão não se limita a um programa ou projeto, mas é compartilhar a experiência do acontecimento do encontro com Cristo, testemunhá-lo e anunciá-lo de pessoa a pessoa, de comunidade a comunidade e da Igreja a todos os confins do mundo (cf. At 1,8)." (DAp 144)

Portanto, o catequista precisa transmitir a mensagem de amor e esperança presente na história da salvação na vida do povo de Deus, respeitar o desenvolvimento dos seus catequizandos considerando a caminhada de vida de cada um, indo ao seu encontro e procurando aceitá-los, acolhendo e respeitando suas características e realidade, assim como fazia Jesus.

Nesse sentido, deverá cuidar para não se distanciar de seu principal objetivo, que é colocar-se diante do catequizando e orientá-lo de acordo com o que for mais apropriado à sua idade, tendo presente três princípios fundamentais:

▼

Dar instruções a respeito da fé.

▼

Refletir sobre a vontade de Deus.

▼

Apresentar a Palavra de Deus em vista da comunhão.

VAMOS REFLETIR

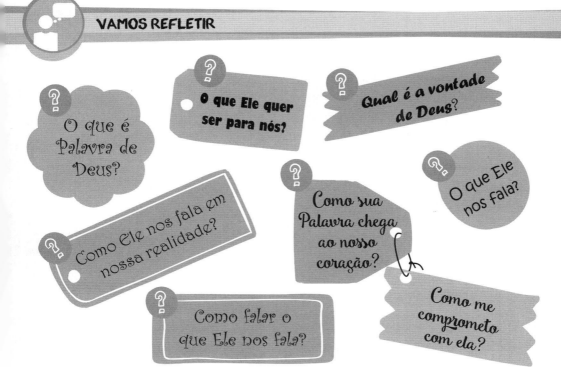

- O que é Palavra de Deus?
- O que Ele quer ser para nós?
- Qual é a vontade de Deus?
- Como Ele nos fala em nossa realidade?
- Como sua Palavra chega ao nosso coração?
- O que Ele nos fala?
- Como falar o que Ele nos fala?
- Como me comprometo com ela?

Já sabemos que nossa missão é transmitir a fé cristã com entusiasmo, com confiança e paixão. Nessa caminhada nos deparamos com muitos desafios e muitas perguntas que nos mobilizam a encontrar os meios para resolvê-los.

Vamos ler com atenção a história.

Dona Joana tinha dois filhos, Curioso e Cansado. Certo dia, disse a eles:
– A partir de hoje, vamos buscar a felicidade.
Curioso foi logo perguntando:
– O que é a felicidade?
– Felicidade é um tesouro precioso – explicou a mãe.
Curioso ficou animado e disse:
– Então vamos, mamãe! Mas onde está a felicidade?
A mãe respondeu:
– Num lugar longe daqui e, ao mesmo tempo, aqui. Ela está onde existe a paz!
Cansado, que ouvia tudo, quis saber:
– O que é a paz?
Sorrindo, a mãe disse:
– Paz é alegria, é amor...
– Então vamos para lá. Mas quanto tempo vamos andar? – perguntou Curioso.

Dona Joana pensou e falou baixinho:

– Não sei, talvez muito...

Cansado preocupou-se:

– E se a gente cansar? Poderemos parar?

– Não! – disse firmemente a mãe.

Curioso ficou preocupado também:

– E se a estrada acabar, o que vamos encontrar?

Dona Joana sorriu ao dizer que encontrariam a felicidade!

Cansado, muito pensativo, acrescentou:

– Será que ela vai estar nos esperando?

– Vai sim! – disse confiante a mãe.

– Como a senhora sabe? – perguntou Curioso.

– Eu sei porque Ele vai estar lá...

Curioso, que estava cada vez mais curioso, perguntou:

– Ele quem?

– Deus! – respondeu a mãe.

Os dois filhos imediatamente quiseram saber quem era Deus e, quando a mãe explicou que era Deus quem lhes dava a felicidade, Cansado pediu:

– Então fala para Ele trazer a felicidade aqui, sem precisarmos sair.

– Meu filho, a felicidade não se pede, devemos procurá-la...

Curioso estava entusiasmado:

– Mãe, quando vamos começar?

– Já!

– Já? – assustou-se Cansado.

– E se a gente se perder? – preocupou-se Curioso.

Cansado acrescentou:

– Eu também tenho medo de me perder, por isso não quero sair.

– E se a gente se perder? – perguntou mais uma vez Curioso.

Depois de tantas perguntas e conhecendo bem cada um de seus filhos, a mãe respondeu com outra pergunta:

– E se a gente não se perder?

Dona Joana sabia muito bem as características de seus filhos, suas ideias, suas vontades e limitações, mas mesmo assim quis ensinar-lhes algo novo.

Será que ela buscou o caminho mais correto? O mais adequado? O mais curto ou o mais longo? Ela não poderia ter falado direto quem era Deus e onde encontrar a felicidade?

* Qual foi a atitude de Joana diante das perguntas de seus filhos?

*Como ela nos inspira?

Vamos conferir no quadro quais atitudes de Joana podem inspirar a ação do catequista junto ao catequizando!

Joana	Catequista
Conhecendo bem os seus filhos e sabendo o que queria ensinar, escolheu um jeito diferente ou mais adequado para falar de Deus a eles.	Precisa conhecer bem os seus catequizandos para exercer o seu ministério.
Adequado? Sim, adequado! Ela conhecia bem os seus filhos...	Como fazer? O catequista precisa conhecer o que é próprio de cada catequizando de seu grupo.
Despertou a curiosidade própria de cada um de seus filhos.	Promover a curiosidade nos catequizandos para animá-los na busca da Boa Nova de Deus.
Motivou a vontade de caminhar, a coragem de enfrentar dificuldades.	Motivá-los para fazer o caminho com perseverança e fé.
Acrescentou temas complementares para chegar ao tema principal.	Encontrar, por meio de novas metodologias, um modo de apresentar o tema do encontro.
Dinamizou o tema, dando a ele vida, apresentando-o como um desafio: buscar a felicidade que vem de Deus.	Incentivá-los para o desafio de perseverar no caminho de Jesus por meio de estratégias apropriadas para diferentes idades.

Todo catequista, como mediador na ação catequética, não pode esquecer de que também é discípulo e evangelizador. Escuta, acolhe e anuncia a Palavra despertando em seus catequizandos a capacidade de elaborar novas perguntas para que, atraídos por Jesus, tornem-se novos e bons discípulos com a sua contribuição.

> *Se o ser humano é um grande dom de Deus, devemos cuidar para que em nossa catequese aconteça o crescimento de Deus em cada um...*

Assim, devemos saber sempre:

O que falamos...

Com quem falamos...

Como falamos...

CATEQUESE POR IDADES

? QUEM É O CATEQUIZANDO?

A catequese possibilita o encontro entre pessoas.

Todo catequizando é uma pessoa que tem sua própria história de vida e, aos poucos, revela-nos seus anseios, seus desejos, suas habilidades, bem como suas limitações e inquietações. O catequizando é uma pessoa, um interlocutor na catequese, que precisa ser acompanhado em sua caminhada de fé e inserção na vida eclesial, que merece ser amado e educado na Igreja: Casa de Iniciação à Vida Cristã.

Como processo de educação da fé, a catequese não se limita unicamente à tarefa de transmitir ideias, mas se amplia à arte de apresentar o Projeto de Deus para a vida do catequizando, motivando-o

> ### Igreja: Casa de Iniciação à Vida Cristã
>
> "A Conferência de Aparecida, além de elevar a iniciação à vida cristã à categoria de urgência, lembra que ela deve acontecer não apenas uma única vez na vida de cada pessoa. A iniciação cristã não se esgota na preparação aos sacramentos do Batismo, Crisma e Eucaristia. Ela se refere à adesão a Jesus Cristo. Esta adesão deve ser feita pela primeira vez, mas refeita, fortalecida e ratificada tantas vezes quantas o cotidiano exigir." (DGAE 2011-2015, CNBB Doc 94, 41)

a se entusiasmar por Ele para vivê-lo. O catequista deve ajudar o catequizando a despertar para Deus e descobrir o apelo do Espírito Santo à conversão e ao compromisso cristão. Para isso, é importante reconhecer que as necessidades são diferentes e que é preciso buscar formas adequadas para criar um ambiente de acolhimento e convivência fraterna.

O catequista que deseja criar um ambiente de acolhimento e convivência deve ter como modelo o proceder de Jesus Cristo.

> Jesus, "quando estava a sós com seus discípulos, lhes explicava tudo".
> (Mc 3,34)

Jesus conhecia a realidade de seus "catequizandos", seus discípulos; conhecia seus trabalhos, suas tradições, sua fé. Mesmo não sendo um mestre da Lei, Jesus sabia tocar a mente e o coração das pessoas que o escutavam com o seu modo especial de ensinar. Ele tinha um estilo próprio – conhecia as Escrituras, falava de forma simples (popular) para que o povo pudesse entender. Ele ensinava entre o povo, percorria longos caminhos e encontrava sempre um lugar certo para falar. Ele explicava as situações de vida através de parábolas, provocando as pessoas com suas histórias ricas em expressões que davam sentido à sua linguagem e mensagem.

Ele era sensível à realidade. Falava do Reino a partir da vida das pessoas; conhecia as suas preocupações, suas lutas e suas alegrias; buscava despertar uma resposta: "Quem tem ouvidos, ouça!" (Mt 13,9.43). Acolhia as pessoas. Estava sempre com o povo, principalmente com os pobres, com as crianças e com 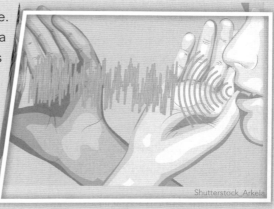 os pecadores. Visitava as pessoas dando-lhes toda atenção e apoio, a ponto de entregar sua vida pelos amigos.

Para Jesus, conhecer é acolher. Ele acolhia as pessoas despertando em cada uma delas, por meio do diálogo, a confiança, a coragem, o entusiasmo, a solidariedade, a alegria de serem filhos e filhas de Deus, levando-os ao compromisso com o Reino, em favor de garantir dignidade a todos.

> **O acolhimento de Jesus em seus encontros com as pessoas:**
>
> Os primeiros discípulos (Jo 1,35-51);
> Zaqueu (Lc 19,1-10);
> A Samaritana (Jo 4,5-42);
> Levi (Mc 2,13-17);
> Maria Madalena (Jo 20,1-18);
> O cego Bartimeu (Mc 10,46-52);
> Os discípulos de Emaús (Lc 24,13-35).

No processo catequético, a acolhida é extremamente importante. É o primeiro passo.

A prática acolhedora de Jesus nos revela que o seu modo de agir manifesta o amor generoso e solidário do Pai. Ele acompanhava bem de perto todos os que eram atraídos por seu anúncio.

Por que e para que o catequista precisa conhecer o catequizando?

Desde o primeiro encontro, o catequista precisa apropriar-se de recursos para conhecer o catequizando. Quanto melhor o catequista conhecê-lo, melhor saberá desenvolver e conduzir os encontros de catequese, favorecendo o conhecimento de Jesus Cristo e sua mensagem.

O catequista, conhecendo e tendo o olhar fixo em Jesus Cristo, autor da nossa fé, saberá preparar seus encontros escolhendo as estratégias e metodologias adequadas ao desenvolvimento de seus catequizandos. Para atender ao seu desenvolvimento é, também, importante considerar a pessoa do catequizando e suas dimensões.

Dimensões? Do que estamos falando?

Para a catequese por idades, dimensões são partes onde se concentram algumas características da pessoa humana em suas diferentes idades. Para entender como observar as dimensões de uma pessoa, faça o seguinte exercício:

1. Pegue uma flor.
2. Observe seu tamanho, se já foi menor ou poderá crescer ainda mais.
3. Sinta suas folhas... Toque-as... Observe que podem ser lisas, ásperas, franzidas... mas são próprias para essa qualidade de flor.
4. Sinta se ela exala algum perfume, qual é o odor característico dessa flor.
5. Veja suas cores, observe se poderá mudar com o tempo...
6. Embora existam outras flores da mesma espécie, observe que, por mais semelhantes que sejam, cada flor será única, diferente, especial...

Para conhecer bem o catequizando, é necessário considerar que a pessoa que temos diante de nós, no nosso grupo de catequese ou na comunidade, não é só aquilo que vemos. Cada pessoa, no seu desenvolvimento humano, se diferencia por características e crises que são próprias das faixas etárias, bem como de seu contexto sociocultural.

Agora, vamos tentar entender algumas dimensões presentes na pessoa humana.

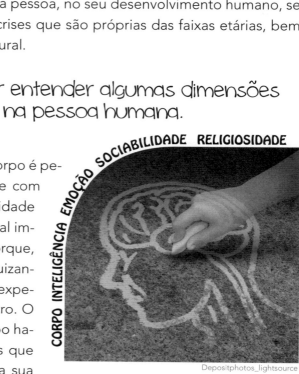
Depositphotos_lightsource

O corpo: dimensão física – o corpo é pequenino ao nascer, mas cresce com os anos até a pessoa atingir a idade adulta. O corpo é um referencial importante para o catequista porque, conhecendo bem seus catequizandos, poderá ajudá-los na rica experiência do encontro com o outro. O ser humano revela em seu corpo habilidades e também limitações que podem auxiliar ou prejudicar a sua própria motivação e interação com sua religiosidade, sociabilidade, emoção e vontade. Ainda, o corpo como referência indica os cuidados necessários e permanentes, tais como: higiene pessoal, alimentação, lazer, exercícios físicos, posturas e gestos corporais, garantindo sua vida de inter-relações e, até mesmo, sua sobrevivência.

A inteligência: dimensão cognitiva – a capacidade de entender, compreender e distinguir vai se desenvolvendo de modo formidável, desde os primeiros anos de vida até a velhice, e favorece o processo de aprendizado, de comunicação, de autoconhecimento e autocontrole, de planejamento e solução de problemas. A inteligência também orienta a pessoa no seu livre-arbítrio. A vontade livre é a capacidade que a pessoa tem de decidir quando orientada para o bem e para a virtude, de saber o que quer, o que fazer ou, em caso negativo, quando está sendo desviada para o mal e para o pecado.

A emoção: dimensão afetiva – destaca as emoções que fazem parte de nossa vida (felicidade, tristeza, angústia, alegria...) e nos motiva a agir. As emoções dirigem nossos passos no processo de interação com as outras pessoas e grupos, com a comunidade e, até mesmo, na proximidade com a Palavra e com o próprio Deus.

A sociabilidade: dimensão social – modo humano de se viver em comunidade, como irmãos, nas mais variadas realidades ambientais, sempre diferentes, conforme as circunstâncias de tempo, de lugar e de situações sociopolíticas, econômicas e culturais. Esta dimensão é propícia para promover a interação entre fé e vida.

A religiosidade: dimensão religiosa – presente em cada ser humano, em cada um de nós e em todos os homens e mulheres de todos os tempos e lugares, de todos os povos, de todas as raças e de todas as nações.

Estas e outras dimensões se desenvolvem ao longo do tempo, crescem no decorrer dos anos e, por isso, também ficam diferentes de idade em idade.

Conhecer o conteúdo

O mesmo cuidado que se tem para conhecer o catequizando deve-se ter com o conteúdo na catequese. O conteúdo deverá ser apresentado ao catequizando considerando sua idade e suas dimensões ao desenvolver um processo de:

FORMAÇÃO NA FÉ – ocorre ao apresentar as verdades reveladas por Deus e explicadas pela Igreja. Pode-se recorrer ao estudo da Bíblia, aos ensinamentos da Igreja através dos documentos dos papas, bispos e teólogos, como também aos diversos manuais de catequese já editados

que se configuram como itinerários de educação da fé. Nesse processo, a catequese deve possibilitar aos catequizandos a oportunidade de encontrar na comunidade eclesial a presença viva de Deus na Palavra, nos sacramentos e na comunhão de irmãos e irmãs na fé.

Para a educação da fé é importante e necessário que o catequista leve os seus catequizandos a um contato direto com a Palavra de Deus, favorecendo a compreensão progressiva de toda a verdade revelada por Ele, ou seja, o seu Projeto divino. A experiência da fé é um caminho que se faz com os passos que damos... É um projeto de vida, uma opção, uma adesão a Jesus Cristo, o revelador do Pai. Em Jesus, temos acesso ao Projeto de Deus para o mundo.

A Palavra de Deus é a mesma para todos, mas precisa ser transmitida na catequese considerando que cada catequizando tem uma maneira diferente de recebê-la e acolhê-la.

FORMAÇÃO DA CONSCIÊNCIA – acontece ao despertar o valor da vida, do comportamento cristão, do bom relacionamento entre as pessoas, amigos, familiares e membros da comunidade. Contribui, ainda, para estimular a busca do bem, das virtudes e da santidade.

Ao transmitir as atitudes de Jesus como modelo para o nosso agir, a catequese pode estimular seus interlocutores para que, com consciência, façam sua adesão a Ele, aceitando e seguindo seus passos como opção profundamente pessoal e concreta. Essa opção leva a pessoa a uma experiência de transformação interior.

A catequese, ao apresentar as exigências evangélicas como referências para uma vida nova, propõe um compromisso com o amor fraterno e solidário, sobretudo com acolhimento dos mais necessitados, pequenos e fracos. Assim, vamos construindo o Reino entre nós na visibilidade de uma fraternidade capaz de abrir caminhos para um novo agir na história.

A conversão ao Reino é um projeto pessoal que implica uma transformação radical do nosso modo de pensar e agir. Seguindo o Senhor Ressuscitado e seu Espírito, que habita os corações, vamos nos tornando mais parecidos com Ele.

FORMAÇÃO PARA A ORAÇÃO – desenvolve-se motivando os catequizandos num ambiente educativo para uma vida de oração pessoal e comunitária. A oração é um processo de comunicação que nos permite falar com Deus, escutar sua Palavra e responder ao seu chamado que se atualiza dia a dia. A oração ajuda na fidelidade, na comunhão com Ele e com os irmãos na fé.

Para motivar os catequizandos à comunhão com Deus e com a comunidade, é preciso transformar o tempo de preparação para os sacramentos em momentos fortes de iniciação à vida cristã. Para tanto, a celebração litúrgica, os estudos bíblicos, as demais atividades da catequese e da comunidade deverão revestir-se de profunda experiência de comunhão com Deus através da oração.

Cabe realçar aos catequizandos nossa condição filial, tão necessária nos momentos de oração, meditação e contemplação, deixando-nos guiar pelo amor que vem de Deus, nosso Pai. Entregues a Ele em oração, saberemos escutar e entender o seu chamado para, assim, descobrir qual é o nosso lugar e papel na Igreja e no mundo.

FORMAÇÃO PARA O ENGAJAMENTO – implica propor aos catequizandos o valor da participação em uma ação pastoral e missionária nos serviços e ministérios da comunidade. Com uma fé verdadeira em Cristo, somos convidados a dar testemunho cristão expresso através do engajamento e da missão na comunidade, nos diferentes serviços eclesiais, segundo os dons e a vocação de cada um (cf. DGC 86).

A formação para o engajamento vai além das fronteiras da comunidade, buscando encaminhar seus catequizandos para um mundo de missão, assumindo seu papel de cristãos na sociedade, acolhendo e respeitando os valores socioculturais.

O catequista precisa, portanto, conhecer bem o conteúdo da fé que vai transmitir, conhecer bem seus catequizandos para que se tornem sujeitos da catequese, conhecer bem as estratégias e os recursos para propor atividades catequéticas adequadas ao longo de todo o processo.

As estratégias precisam:

Ser escolhidas a partir do conteúdo para não correr o risco de transformar o encontro em apenas uma brincadeira, com dinâmicas inadequadas ao seu objetivo.

Ser escolhidas de acordo com a idade dos catequizandos, respeitando as suas características e favorecendo a sua integração no grupo, considerando o seu amadurecimento como pessoas e cristãos.

Para que os catequizandos se tornem os destinatários e interlocutores de uma catequese acolhedora, dinâmica e transformadora é preciso acolher a todos, respeitando-os como pessoas únicas e importantes. São especiais porque buscam a Deus e, para isso, contam com a ajuda dos catequistas para o crescimento da vida em Deus.

VAMOS REFLETIR

❓ É por eles e para eles que preparamos os mais belos encontros de catequese?

❓ É com eles que falamos, com quem nos comunicamos?

❓ É com eles que criamos laços de amizade?

❓ É com eles que formamos comunidade?

Os encontros de catequese deverão ser bem preparados, com antecedência, de modo adequado ao grupo e a cada pessoa em especial. É preciso ter presente que o encontro de catequese é um encontro de pessoas. Um espaço de vida e interação, de comunhão e fraternidade. Deverão ser acolhedores, dinâmicos e coerentes com as diferentes idades e realidades dos catequizandos, sendo, portanto, um espaço para o diálogo fraterno e construtivo que favoreça a descoberta de Deus e de seus mistérios.

É bom que o catequista tenha simpatia por seu grupo, crie laços de amizade com seus catequizandos, pois, por um tempo muito especial, será o companheiro de todos no amadurecimento da fé.

> "[É de] substancial importância a relação pessoal do catequista com o destinatário da catequese (catequizando). Tal relação se nutre de paixão educativa, de engenhosa criatividade, de adaptação e, ao mesmo tempo, de máximo respeito pela liberdade e amadurecimento da pessoa." (DGC 156)

III

Competências cognitivas e socioemocionais

Na catequese também se pode favorecer a consolidação de inúmeras competências que dão às pessoas a capacidade de entender e enfrentar melhor os desafios do seu cotidiano.

COMPETÊNCIA É um conjunto de conhecimentos, habilidades e atitudes que possibilita desempenhar determinadas ações, sempre em busca de um resultado. O catequista, em seu ministério, contribui para que seus catequizandos se tornem capazes de desenvolver suas competências para alcançar seus objetivos. Ao fazer isso desenvolve, também, suas próprias competências. É importante considerar que, para o bom resultado da ação pedagógico-catequética, é necessária a integração das competências cognitivas (relacionadas ao conhecimento) e socioemocionais (relacionadas à sociabilidade, ao controle das emoções, às relações interpessoais, à superação dos fracassos, entre outros aspectos).

CONHECIMENTO SABER

COMPETÊNCIA

HABILIDADE SABER-FAZER

ATITUDE SER - QUERER-FAZER

As **competências cognitivas** e **socioemocionais** são aquelas que ajudam a traduzir melhor os pensamentos e as ações, as intenções e os resultados esperados na participação dos catequizandos em seus relacionamentos positivos com a família, com a comunidade e a sociedade, favorecendo o acesso a recursos que lhes permitam o afastamento de certos comportamentos de risco à harmonia, fraternidade e necessária experiência de comunhão com seus semelhantes.

Tais competências fortalecem o ser humano nas responsabilidades sociais, consigo mesmo e com os outros, e no discernimento ao fazer escolhas. Assim, torna-se capaz de viver e conviver de forma saudável, preservando e exercitando sentimentos e valores como fruto de sua atividade humana.

Podemos destacar também, como essencial à catequese, a **competência espiritual** que, junto às demais, contribui para tornar o catequizando uma pessoa melhor preparada para a vida. Esta competência, ao ser desenvolvida, estimula a autorreflexão e contribui na vivência dos talentos ou dons espirituais.

Desenvolver a competência espiritual implica ajudar o catequizando a dar uma resposta ao chamado que Deus lhe faz para viver o amor, expressão suprema de comunhão com Ele e com o mundo. Jesus deixou para a sua comunidade um conselho que nos serve de referência para desenvolver essa competência: "Sede perfeitos como o vosso Pai celeste é perfeito" (Mt 5,48). Somos chamados para uma vida na santidade. Ser santo ou perfeito como o Pai celeste é um processo, é um projeto de vida que se revela em todo o nosso existir.

Respondemos ao chamado de Deus com um dom, um talento espiritual que nos ajuda a desenvolver todos os outros: a Fé – nossa resposta de amor ao chamado divino.

Fé é acreditar verdadeiramente...
É confiar...
Fé é uma busca para a vida...
Para a vida plena.
Fé é uma resposta de amor ao chamado de Deus.
Fé é adesão a uma pessoa, e não somente às suas ideias.
Jesus é modelo de um Filho obediente e um homem de fé.

As competências espirituais (Mansidão, Contemplação, Serenidade, Humildade, Caridade e outras) ajudam a nos comprometer com a vida de maneira especial. Levam-nos a entender e acolher a vida...

 Que vem de Deus – assim reconheço o Criador.

 **Que é um sopro divino** – o que me faz capaz de me deixar guiar pelo Espírito de Deus.

 **Que é um dom** – posso contemplar a presença de Deus em minha vida e no próximo, sou capaz de estabelecer vínculo de amor fraterno.

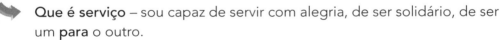 **Que é serviço** – sou capaz de servir com alegria, de ser solidário, de ser um **para** o outro.

Caridade
Mansidão
Humildade
Serenidade
Contemplação

Uma pessoa com competência espiritual é capaz de ser livre e acertar nas suas decisões, desenvolvendo sua capacidade de discernimento, construindo e compreendendo melhor sua visão de mundo e os valores que são fundamentais para sua vida. Essa capacidade lhe permite conhecer sua história pessoal entrelaçada às pessoas, aos grupos, às comunidades, estabelecendo uma grande conexão com tudo e com todos.

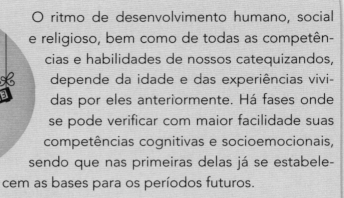

Para tudo tem um tempo...

O ritmo de desenvolvimento humano, social e religioso, bem como de todas as competências e habilidades de nossos catequizandos, depende da idade e das experiências vividas por eles anteriormente. Há fases onde se pode verificar com maior facilidade suas competências cognitivas e socioemocionais, sendo que nas primeiras delas já se estabelecem as bases para os períodos futuros.

Quanto mais a família e nós, catequistas, investirmos em conhecer e acompanhar o processo de desenvolvimento da primeira infância, mais garantia teremos de que os resultados positivos e níveis mais elevados de competências favorecerão o bem-estar da pessoa em relação a si mesma e aos outros na fase adulta.

As competências cognitivas e socioemocionais relacionadas às competências espirituais

O ser humano, desde o seu nascimento, é inserido em um grupo social. Seu desenvolvimento e sua capacidade de enfrentar situações ou conflitos contribuem para preservar sua individualidade. Mesmo construindo-se na experiência de vida em um grupo, todo ser humano é um indivíduo. Portanto, ao longo de toda a vida, o indivíduo pertencerá a um grupo e o grupo a ele.

Na catequese é possível fortalecer esse vínculo com a vida comunitária, seja na família, na Igreja ou na sociedade. É importante o catequista saber que pode contribuir para que, por meio de motivações, seus catequizandos não só coloquem as competências em ação, mas por elas construam novas habilidades. As motivações são geradoras de competências e habilidades que, por sua vez, são determinadas por valores, princípios, percepções e compreensões de seu papel e dos outros no mundo, do sentido de sua vida e da vida que se constrói em relação.

No processo de educação da fé, as competências cognitivas e socioemocionais precisam estar conectadas entre si. Isto porque são a base para o desenvolvimento das competências espirituais.

Vamos conferir isso no quadro?

SOCIOEMOCIONAL	COGNITIVO	INTRAPESSOAL	INTERPESSOAL	ESPIRITUAL
Conscientização Responsabilidade Persistência Resiliência	**Aprendizado** Raciocínio lógico Pensamento crítico Análise Memorização Interpretação Organização Decisão	**Consciência** Autodidatismo Responsabilidade pessoal Ética Flexibilidade Autodisciplina	**Resiliência** Negociação Responsabilidade social Zelo	**Mansidão** Concentração Fortaleza Liberdade Esforço
Abertura a novas experiências Curiosidade Criatividade Ousadia em tentar	**Comunicação** Reflexão Inovação Imaginação Criatividade Senso estético	**Perseverança** Responsabilidade profissional / vocacional Produtividade Curiosidade	**Liderança** Trabalho em equipe Comunicação assertiva Adaptação	**Contemplação** Delicadeza Oração Louvor Encanto Ação
Amabilidade Cooperação Integração	**Diálogo** Compreensão Escuta Adaptação Adequação	**Simpatia** Integração Iniciativa Determinação Franqueza	**Empatia** Cooperação Confiabilidade Modéstia	**Serenidade** Comunhão Escuta orante Sensibilidade Paz Altruísmo
Estabilidade emocional Autocontrole Autocuidado	**Maturidade** Conexões entre o pensar, o sentir e o agir Resolução de problemas	**Confiança** Integridade Saúde: física e psicológica Autocuidado Autoestima	**Autoconfiança** Acreditar no outro Autocontrole	**Autoconhecimento** Humildade Silêncio interior
Extroversão Sociabilidade	**Socialização** Coordenação Compartilhamento	**Cidadania** Tolerância Afetuosidade Disposição para o outro	**Assertividade** Resolução de conflitos Influência social	**Caridade** Disponibilidade Partilha Entusiasmo

Anotações

IV

O catequizando e suas diferentes idades

Deus é nosso Pai porque nos abençoou e escolheu antes da criação do mundo (cf. Ef 1,3-6), tornando-nos realmente seus filhos em Jesus (cf. 1Jo 3,1). E, como Pai, Deus acompanha com amor a nossa existência, concedendo-nos a sua Palavra, o seu ensinamento, a sua graça e o seu Espírito. (Bento XVI, 2013)

> "Deus, infinitamente perfeito e bem-aventurado em Si mesmo, num desígnio de pura bondade, criou livremente o homem para o tornar participante da sua vida bem-aventurada. Por isso, sempre e em toda a parte, Ele está próximo do homem. Chama-o e ajuda-o a procurá-Lo, a conhecê-Lo e a amá-Lo com todas as suas forças." (CalC 1)

O **Novo** na catequese é o anúncio de um Deus que nos ama, não se cansa de se revelar e nos desperta para a felicidade de fazer festa em seus braços de Pai e coração de Mãe. Mas essa novidade tem que ser apresentada de forma acolhedora, simpática e atraente para que todo catequizando acolha a verdade revelada, aproprie-se dela e a torne sua verdade.

A imagem de Deus se forma desde cedo. É na família e na comunidade que o catequizando inicia a contemplação de Deus no mundo e em sua vida. Nós, catequistas, contribuímos muito com a construção dessa imagem por meio de palavras e atitudes.

Da família à comunidade, os catequizandos vão ampliando o conhecimento de si mesmos a partir de sua existência e experiência. Nesse processo, a comunidade exerce um papel importante ao acolher o catequizando que, iniciado à vida em sua família, se lança e dá os primeiros passos na iniciação à vida de uma comunidade cristã.

> "O desejo de Deus é um sentimento inscrito no coração do homem, porque o homem foi criado por Deus e para Deus. Deus não cessa de atrair o homem para Si e só em Deus é que o homem encontra a verdade e a felicidade que procura sem descanso..." (CalC 27)

Nessa dinâmica é importante compreender que o conceito e a experiência mística de Deus são totalmente individuais. A concepção de Deus se fortalece na experiência religiosa de cada indivíduo, a partir do acolhimento de sua presença e da consciência de sua importância na comunidade.

Cada criança se desperta para o sagrado e descobre o rosto de Deus por meio de suas próprias expectativas e sentimentos religiosos partilhados no convívio familiar e social. Embora a criança tenha grande predisposição para a religiosidade, pois é curiosa por natureza, para manifestar os sentimentos religiosos precisa de uma educação especial, fortemente marcada pela afetividade. A fé brota como resposta a Deus em uma aproximação afetiva.

> "É necessário integrar as diversas etapas do caminho de fé. Esta integração possibilita uma catequese que ajude cada um a crescer na fé, à medida que vai crescendo em outras dimensões da sua maturidade humana e tendo novos questionamentos existenciais." (DNC 180)

PARA ENTENDER MELHOR O QUE VIMOS

 Tente observar qual a imagem que seus catequizandos têm de Deus. Faça uma investigação por meio de desenhos, textos e de uma conversa aberta com eles.

 Bento XVI, no dia 30 de janeiro de 2013, em audiência geral, disse: "O amor todo-poderoso de Deus não tem limites". Como você, catequista, conhecendo a realidade de sua comunidade, diria essa mesma verdade aos seus catequizandos? Como divulgaria isso em sua comunidade?

Para que a catequese cumpra sua missão de introduzir o **fermento evangélico** no coração de crianças, adolescentes, jovens e adultos de hoje é urgente que se conheça os catequizandos em suas diferentes idades e realidades.

A catequese das crianças não pode ter como meta a recepção dos sacramentos, mas sim sua inserção no **processo de iniciação à fé e à vida cristã**. Nessa primeira etapa, o mais importante é ajudar as crianças no acolhimento do amor e na intimidade com Deus, que se dá na proximidade com Ele por meio das primeiras atitudes religiosas.

#
Isso é importante!
Fique de olho nas três palavras:
Motivação, Encantamento e Chamado.

Conhecendo bem os catequizandos podemos colaborar para que, motivados para o encontro com o Senhor, eles se sintam cada vez mais encantados e chamados para a missão de viver em comunhão com Ele e com a comunidade de irmãos e irmãs, na família, na Igreja e na sociedade.

Bem sabemos que a vida e a dedicação do catequista, sua fé e comprometimento com a comunidade, influenciam na motivação de seus catequizandos. O catequista, portanto, não é um repetidor de palavras, um repórter que investiga e narra os fatos, tampouco um carteiro que cumpre a tarefa de entregar correspondências, mesmo que elas sejam de Deus.

O catequista é um mensageiro do amor, da paz, do bem e da misericórdia de Jesus.

É falando sobre Jesus como um grande amigo que se compartilha o encantamento por Ele. Sua intimidade com Jesus vai possibilitar a renovação diária de seu chamado e conquistar a admiração, o encantamento de seus catequizandos.

O testemunho do catequista vai contribuir no processo de iniciação de seus catequizandos na vida de uma comunidade de fé. Para motivar é preciso ser exemplo de motivação; para apresentar Jesus é preciso encantar-se por Ele e por seus ensinamentos; para ajudar os catequizandos na elaboração da resposta ao chamado é importante se sentir chamado a todo instante.

A alegria do catequista e de sua comunidade não pode se bastar no número de catequizandos; isso é bom, mas não diz tudo!

>> A alegria consiste em se juntar a eles e viver cada dia do processo catequético como se fosse o primeiro.

Isso significa que não se pode ficar parado no tempo e perceber que as verdades reveladas pela teologia e pela catequese são igualmente válidas. Porém, cabe considerar que, se há um desenvolvimento biológico, há também um espiritual. A religiosidade acompanha o ser humano em todas as suas fases de vida.

Vamos conhecer algumas características de nossos catequizandos, de acordo com as idades, agrupando-as por faixas etárias:

4 a **6** anos

7 a **8** anos

9 a **10** anos

11 a **13** anos

14 a **16** anos

17 a **25** anos

1

4 a 6 anos

A Boa Nova aos pequeninos

Seu desenvolvimento físico geralmente é lento e gradativo. As habilidades motoras, assim como a capacidade de percepção visual, auditiva e tátil, continuam a aperfeiçoar-se gradativamente. A criança explora todas as tentativas para descobrir o mundo e as coisas de acordo com suas habilidades físicas e mentais, que são testadas a todo o momento.

Começa a descobrir as diferenças anatômicas entre meninos e meninas, percebendo que seus corpos são diferentes.

A criança dessa faixa etária pensa por significados. Amplia sua compreensão de mundo e desenvolve uma linguagem própria, fala consigo mesma, conversa construindo pequenas frases, aumenta gradativamente seu vocabulário, inventa palavras para se comunicar. Desenvolve, então, sua capacidade de memorização, atenção e noção de tempo, distância e espaço.

> É muito importante que os catequistas tenham a sensibilidade de perceber quando uma atividade está sendo prazerosa para o catequizando e o quanto será capaz de explorar suas capacidades e habilidades. Para isso, pode-se introduzir na catequese jogos corporais e dança. São recomendáveis atividades que ajudem os catequizandos no descobrimento e na valorização de seu próprio corpo, tais como: desenhos, recortes, colagens, fantoches e tudo o que possa servir para a identificação da pessoa humana e de suas capacidades.

Amplia sua criatividade quando é estimulada para atividades nas quais tenha contato com materiais de diversas cores, texturas, tamanhos e formas. É comum a criança desta faixa etária atribuir forma humana a objetos inanimados, o que a motiva a conversar com seus brinquedos, por exemplo.

É importante que a criança seja estimulada com pequenas histórias, atividades de memorização e símbolos nos encontros de catequese. É bom proporcionar um tempo para que as crianças dialoguem entre si e com o catequista. A conversação, além de ser instigante, é muito importante para o processo de socialização. Seria interessante ter na comunidade um espaço preparado para as atividades lúdicas (brincadeiras), porque o lugar usado para o encontro de catequese nem sempre é apropriado para realizá-las.

{ "A infância se caracteriza pela descoberta inicial do mundo, com uma visão ainda original, embora dependente da assistência dos adultos." (DNC 197) }

É comum perceber, nas crianças de 4 a 6 anos, um interesse por tudo o que é imediato. Elas exigem cuidado e atenção especiais, pois sentem necessidade de afeto, apoio e segurança. Geralmente, a criança corresponde ao que é solicitado quando o catequista se revela capaz de lhe transmitir segurança e apoio.

Através de jogos e dinâmicas adequadas à faixa etária, o catequista pode estimular a criança para o conhecimento do mundo, das pessoas e das coisas que fazem parte de sua vida.

Nessa idade, as crianças geralmente gostam de lugares onde possam explorar sua própria linguagem e tempo. Apresentam, por vezes, sentimentos de inveja e ciúme, o que parece comum à idade, mas precisam ser acompanhadas bem de perto. Choram e emburram-se quando não conseguem realizar o que pretendem ou quando são contrariadas. Diante de regras complexas ou rígidas podem apresentar certa teimosia.

Façamos dos encontros de catequese um espaço para a compreensão de pequenas regras, simples, porém necessárias. É importante que as crianças sejam ouvidas e orientadas quanto ao que é certo e ao que é errado. Convém nunca despertar sentimentos de preferência ou rejeição na catequese, é preciso trabalhar demonstrando atenção e carinho por cada criança. É necessário trabalhar os sentimentos de frustração quando percebidos em atividades como quebra-cabeças, jogos de montar, pequenas encenações e outras em que alguns catequizandos não se saem tão bem. É preciso ajudá-los no desenvolvimento das emoções e na compreensão de limites e regras.

Shutterstock_Robert_Kneschke

As crianças dessa faixa etária gostam de brincar com outras crianças, embora não esteja formado, ainda, o conceito de grupo e o espírito de cooperação. São egocêntricas! Querem receber dos pais ou responsáveis uma atenção sempre voltada para elas. Inicia-se a aquisição de valores, limites, liberdade e padrões morais (o que é certo ou errado). Ocorre uma possível identificação com o papel social (masculino e feminino) na sociedade.

Podemos colaborar com atividades que possam integrar a criança ao grupo, aos poucos, sem forçá-la. Deve-se motivar para a cooperação, participação e socialização. Para isso, os cantos com gestos, desenhos livres e coletivos, histórias e pequenas encenações são indispensáveis.

As crianças, curiosas por natureza, querem saber tudo sobre o que veem ou escutam. É comum que elas façam tantas perguntas. Gostam de explorar os espaços e as novidades (objetos) que veem na Igreja, mas precisam de quem as oriente. A criança começa a descobrir a bondade de Deus Criador na descoberta do mundo, dos animais e de tudo o que é belo.

Shutterstock_MNStudio

No entanto, muitas crianças podem sentir medo de permanecer na Igreja, comportamento normal em lugares escuros, desconhecidos, com muitas imagens e pessoas.

{ "A criança tem o direito ao pleno respeito e à ajuda para seu crescimento humano e espiritual." (DNC 197) }

- É preciso explicar o que são os lugares, símbolos e imagens, o porquê da pouca luminosidade, para ajudar as crianças a compreenderem a organização do espaço, minimizando seus medos. Assim, pais e catequistas podem contribuir para que a criança seja impulsionada a estabelecer intimidade com esses elementos e reconhecê-los, progressivamente, como elementos que a ajudam a aproximar-se de Deus. A nossa contribuição, nos primeiros passos que elas darão rumo ao Deus Pai, é indispensável. Nós, adultos, mostramos o caminho que queremos com elas caminhar. Elas se alegram ao ver o catequista na Igreja, em oração, cantando... E também o admiram pelo seu testemunho e conhecimentos sobre o Projeto de Deus para nós.

- Durante alguns encontros, a catequese deverá possibilitar a visita à Igreja para que as crianças possam, aos poucos, descobrir a importância do lugar sagrado – a Igreja é local de paz e alegria, é o lugar de Deus! Elas precisam conhecer a Igreja como casa de Deus e delas também, onde podem estar próximas do padre, dos funcionários da comunidade e dos outros catequistas.

- É sempre bom motivá-las para a participação em pequenas celebrações e atividades da comunidade, utilizando pequenas histórias bíblicas com o apoio de cantos religiosos, desenhos, pinturas, fantoches e flanelógrafos.

> Sabendo que as crianças dessa faixa etária são assim, será valiosa a contribuição do catequista no despertar de seus catequizandos para a descoberta de um Deus que é pura bondade, criador de um mundo belo e possível de se viver, criador do ser humano, seu colaborador no cuidado das coisas criadas com tanto amor.

2
7 a 8 anos

Descobrindo o rosto de Deus e o mundo na experiência de vida familiar, escolar e eclesial

Sabemos que o ser humano nasce e cresce para a experiência da vida comunitária portanto, o "catequista precisa conhecer e ouvir cada criança para descobrir o melhor modo de cumprir sua missão" (DNC 198). Para se ter familiaridade com o universo infantil é necessário cultivar a espiritualidade da escuta, que permite maior proximidade com os catequizandos. Assim, o catequista se torna um mediador nas relações e educador da fé, como o Mestre Jesus.

> Um catequista **atualizado** é aquele que fica **atento** à riqueza que cada ser humano traz em si por suas diversas características e por suas diferentes experiências socioculturais e religiosas. A **diversidade** pode se tornar uma **riqueza** na experiência do **diálogo**, do **encontro**, da **corresponsabilidade** e da **vida comunitária**.

Conhecendo melhor os catequizandos de 7 a 8 anos

A criança com sete anos pensa cuidadosamente em Deus, anjos e assuntos espirituais. Gosta muito das histórias de heróis bíblicos. Começa a tomar decisões em suas ações e comportamentos. Com oito anos de idade, a criança está mais disponível para os trabalhos na comunidade, na família e no mundo. Começa a fazer perguntas sobre assuntos que antes aceitava somente pela fé.

Nessa fase, as crianças:

- Têm uma relação mais estável e regular com o mundo.
- Adaptam-se ao meio – evoluem na psicomotricidade, desenvolvem capacidades e habilidades físicas com equilíbrio e destreza.

{ "Ela necessita de uma catequese familiar, de uma iniciação na vida comunitária para realizar os primeiros gestos de solidariedade." (DNC 197) }

- Cansam-se com facilidade diante de tarefas complexas. O desenvolvimento e a capacidade de controlar o próprio corpo é gradativo, bem como sua percepção visual, auditiva e tátil.
- Captam tudo o que está ao seu redor, iniciam a distinção entre fantasia e realidade.
- Tornam prazeroso o seu relacionamento com a natureza.
- Desenvolvem-se num mundo lúdico.
- Gostam muito de brincar, também navegam na *web*, conversam com os amigos nos *chats*, fazem *downloads* e experimentam os mais variados jogos eletrônicos. Em muitas escolas, o ensino da computação faz parte do currículo desde a infância, estimulando o uso da tecnologia como ferramenta de aprendizagem.

Depositphotos_pressmaster

- Adquirem maior capacidade de memorização, atenção, noção de tempo, distância e espaço.
- São afetuosas e buscam ter amigos.
- São carinhosas, choram e emburram-se com facilidade quando criticadas ou contrariadas.
- Começam a ser mais racionais e bem organizadas em suas adaptações.
- Gostam de estar em lugares onde se sentem seguras, por vezes sentem dificuldades de adaptação a ambientes novos.
- São resistentes diante de normas rígidas e regras complexas.
- Vão, gradativamente, adquirindo os conceitos do "eu" (quem sou eu?) e de sua autoimagem (como sou?), favorecidos pelos novos relacionamentos.

- Gostam de brincar com outras crianças, ampliando sua socialização.
- Gostam de agradar as pessoas, apresentam espírito de cooperação.
- São influenciáveis, gostam de imitar os amigos e personagens de histórias infantis, de programas televisivos e filmes.
- São egocêntricas, centradas em si mesmas.
- Têm seu relacionamento com Deus muito marcado pelos pais, sentem-se tocadas pelo amor à natureza e pela relação com as pessoas amadas.
- Querem um Deus só para si.
- Gostam de seguir a família e os amigos nas atividades da comunidade.
- Gostam de pequenas histórias com aventuras empolgantes.

É muito importante preparar encontros catequéticos, baseando-se em tais características, por meio de temas adequados para essa faixa etária. As crianças desta idade estão descobrindo o mundo na experiência de vida familiar, escolar e eclesial.

Para que elas tenham o conhecimento dos fundamentos da fé pode-se recorrer aos temas relacionados à criação e às figuras do Antigo Testamento, apresentados como modelos construtivos (heróis), a fim de que compreendam e acolham melhor o conteúdo proposto. Estes devem ser apresentados como referenciais importantes para a catequese, assim como a vida e a pessoa de Jesus como amigo das crianças.

A criança precisa ser estimulada ao que é bom e bonito: amar, ajudar, repartir, agradecer, cuidar, preservar e proteger a vida, possibilitando, assim, a descoberta do amor e da bondade de Deus. Jesus é aquele que vem para ensinar como é importante amar e praticar o bem para que a felicidade dure, o amor vença e liberte as pessoas de todo mal.

Cabe ao catequista:

- Explorar metodologias que estimulem seus catequizandos nas atividades, que explorem suas capacidades e habilidades, respeitando seus limites.

- Oferecer momentos de interiorização, descanso e silêncio.

- Retomar atividades que estimulem a memorização.

- Introduzir jogos corporais e dança, respeitando os interesses, as habilidades, as regras e os limites estabelecidos.

- Proporcionar às crianças o conhecimento do mundo e das coisas, através de brinquedos, jogos e dinâmicas.

- Estimular a conversação (diálogo).

- Trabalhar com carinho os sentimentos de frustração quando as crianças erram ou não conseguem realizar o que querem.

- Falar com autoridade e segurança (sem incorrer no erro do autoritarismo).

- Motivar para o canto, as orações, os breves momentos de espiritualidade e o valor das celebrações litúrgicas.

- Ouvir com atenção os catequizandos, esclarecendo suas dúvidas e curiosidades, sem repreendê-los publicamente.

- Tentar ouvir antes de falar e evitar críticas desnecessárias.

Para um bom encontro de catequese:

- Utilizar muitas figuras e símbolos.
- Favorecer a integração do grupo – por meio de atividades que promovam a cooperação, participação e socialização – dentro e fora da Igreja.
- Preparar um encontro acolhedor e dinâmico que favoreça o diálogo entre eles.

- Apresentar personagens bíblicos, homens e mulheres, importantes na história do povo de Deus – modelos (heróis) construtivos para as crianças.
- Introduzir pequenas histórias bíblicas.
- Apresentar Jesus como nosso amigo fiel, mais que um herói.
- Motivar para as pequenas celebrações comunitárias na catequese.

Depositphotos_Wavebreakmedia

Catequista!

Não deixe de considerar o fato de que os catequizandos de 7 a 8 anos, quando motivados, se empolgam para a participação no encontro de catequese. Sabemos que crianças nessa idade gostam muito de atenção e companhia, sobretudo quando as tratamos com afeto. É muito importante envolver a família nas atividades de todo o processo de iniciação à vida cristã. As crianças gostam e se alegram ao ver seus familiares fazendo com elas o itinerário da fé.

3
9 a 10 anos

Ao encontro do amigo Jesus

Nessa fase, as crianças apresentam um desenvolvimento físico praticamente estabilizado e um aprendizado mais consciente e objetivo, favorecendo a exposição de ideias, a capacidade de atenção e a memorização.

É fundamental que o catequista valorize as conquistas das crianças dessa idade, orientando-as quando necessário e respeitando seus limites e habilidades.

> "As crianças de hoje são mais ativas, fazem mais perguntas e não se deixam convencer simplesmente com o argumento da autoridade de quem fala. Com maior acesso aos meios de comunicação, podem até ter mais informações sobre a realidade do que o catequista, embora não disponham da necessária maturidade para analisar tudo que recebem."
> (DNC 198)

Conhecendo melhor os catequizandos de 9 a 10 anos

Eles buscam desafios, querendo sempre vencer. Um encontro de catequese mais criativo e empolgante vai ajudá-los na sua prazerosa aventura de conquistas e descobertas. Eles gostam de serem ouvidos e atendidos em suas necessidades e curiosidades, cabendo ao catequista orientá-las, à luz da Palavra de Deus, para uma experiência de vida familiar e comunitária.

Possibilitando a participação de todas nas atividades de grupo, favorecendo momentos de interiorização durante os encontros, compartilhando as alegrias nas conquistas e animando-as diante das derrotas, as crianças se fortalecerão emocionalmente, estabelecendo vínculos de amizade e confiança que podem valer por toda a vida.

As crianças buscam sólidas e novas amizades, são fiéis aos amigos. O encontro de catequese deve favorecer essa integração para o incentivo na prática de gestos concretos de fraternidade e solidariedade na família, na escola e na comunidade. A presença fiel de uma pessoa adulta

{ "A infância constitui o tempo da primeira socialização, da educação humana e cristã na família, na escola e na comunidade. É preciso considerá-la como uma etapa decisiva para o futuro da fé, pois nela, através do Batismo e da educação familiar, a criança inicia sua iniciação cristã." (DNC 198) }

e seu testemunho transparente são muito importantes para a vida e a caminhada de fé da criança. O companheirismo, como experiência vital na família e na comunidade, é fundamental para a apresentação de um Deus que acolhe e ama a todos, sem distinção. Esse amor, aos poucos, vai se concretizando na intimidade com Jesus, amigo fiel e modelo de fidelidade ao Pai e à comunidade.

Nessa faixa etária, as crianças já podem compreender melhor os símbolos utilizados nos encontros de catequese que são significativos para a nossa religião. A utilização de objetos e imagens simbólicas é enriquecedor para o encontro de catequese.

Com um maior senso de moralidade, os catequizandos acolhem alguns princípios éticos e cristãos com mais facilidade. Já sabem o que é "honesto", o que é "verdade", o que é "certo ou errado", o que é "pecado". O catequista – educador da fé e introdutor à vida cristã – pode contribuir na formação da fé e da consciência de seus catequizandos.

Nessa faixa etária destaca-se o sentido de responsabilidade diante de Deus. É o tempo da escolha, de pensar e dizer "sim" ou "não" a Deus. Por meio do senso de moralidade que a ajuda na compreensão do sentido de responsabilidade e justiça, a criança começa a se esforçar para atuar de acordo com o bem. É também um período de sua vida no qual busca saber o porquê das regras e ordens que recebe.

Tendo Jesus como modelo de amigo fiel e companheiro, o catequista pode ajudar as crianças na experiência de conversão e de reconciliação com Deus e com os irmãos e irmãs na fé. Essa prática é necessária para uma vida de comunhão com Jesus e sua Igreja – comunidade de amor, família de Deus.

> "É preciso cuidar da apresentação dos conteúdos, de forma adequada à sensibilidade infantil. Embora a criança necessite de adaptação de linguagem e simplificação de conceitos, é importante não semear hoje o problema de amanhã." (DNC 200)

Na catequese, através da Bíblia, as crianças aprendem um pouco mais da história do povo que contava sempre com a presença de Deus. Portanto, não se pode deixar de apresentar a confortável certeza da presença de Deus em nossa vida. É tempo de despertar nos catequizandos o amor generoso de Deus que se revela em Jesus.

> "Simplificar com fidelidade e qualidade teológica exige boa formação e criatividade.
> É necessário ter cuidado para que, em nome da mentalidade infantil, não se apresentem ideias teologicamente incorretas que depois serão motivo de crise de fé." (DNC 200)

Uma catequese de iniciação ao mistério da fé leva as crianças ao encontro com Jesus. Assim, elas podem ser encaminhadas para um mundo de missão, onde poderão assumir seu papel cristão.

4

11 a 13 anos

Uma expressão de fé

Recordemos que Jesus, em sua pedagogia, nos ensina que é muito importante saber o que falar e a quem falar... Ele não deixava ninguém sem resposta. Era sensível aos acontecimentos e às necessidades das pessoas que se aproximavam dele.

Ao trabalhar com os catequizandos dessa faixa etária é necessário que o catequista, tal como Jesus, seja sensível aos processos de transição que vivenciam. Para isso, tal como nos sinaliza o psiquiatra e escritor Içami Tiba, é importante compreender que

> A adolescência é como um segundo parto: o filho nasce da família para entrar na sociedade... Fisicamente amadurecidos, no auge da força hormonal recém-inaugurada, sentem-se invulneráveis, poderosos, auto-suficientes, sabidos e capazes de enfrentar qualquer perigo, agora não mais por oposição, como na puberdade, mas por crença. (1998, p. 76)

Com sentimentos inconstantes, os catequizandos nessa faixa etária querem liberdade de ação, iniciando certo ensaio para a independência. O adolescente busca ser protagonista de sua própria história, mas ainda procura apoio em pessoas ou grupos que lhe dê segurança.

> "Urge para os adolescentes um projeto de crescimento na fé, do qual eles mesmos sejam protagonistas na descoberta da própria personalidade, no conhecimento e encantamento por Jesus Cristo, no compromisso com a comunidade e na coerência de vida cristã na sociedade." (DNC 195)

A partir dos onze anos de idade, o catequizando aprecia as atividades em grupo. Na comunidade, ele começa a procurar formas criativas para expressar sua fé, servir e se relacionar com os outros.

Nessa fase, os catequizandos de 11 a 13 anos:

▶ Lidam bem com a realidade que os cerca e com o mundo das possibilidades e abstrações.

"A adolescência, bem orientada, é um dos alicerces para o desenvolvimento de uma personalidade equilibrada e segura." (DNC 195)

▶ Preferem realizar as atividades em grupos.

▶ Já são capazes de compreender regras mais complexas – querem liberdade de ação.

▶ São inseguros, buscam ideais e pessoas que lhes dê segurança sem os tratar como crianças.

▶ Exigem atenção, mesmo em questões sem importância.

▶ Têm dúvidas sobre a fé e podem desenvolver sentimento de culpa de origem sexual.

Para os catequizandos dessa faixa etária os temas devem ser interessantes e motivadores, apresentados à luz da Palavra de Deus e da palavra da Igreja, para que possam ajudá-los a refletir sobre o valor da liberdade e da responsabilidade, considerando o início de uma orientação vocacional.

O tema sobre o ser humano enquanto imagem e semelhança de Deus deverá motivá-los para uma reflexão sobre o corpo, compreendido como templo de Deus. Os temas sobre família, comunidade e Igreja – espaços de vida e fé – poderão orientá-los sobre a importância da experiência comunitária e ajudá-los a identificar os riscos sociais: drogas, violência, vulnerabilidade...

Cabe ao catequista ter presente os conflitos entre religião e ciência, tão intensos para alguns nessa faixa etária, e munir-se de argumentos que ajudem na percepção de que uma não elimina a outra.

Explorar nos temas aspectos que possam motivar os catequizandos para uma vida comunitária e mais participativa, trazendo-os para mais perto de Deus e da Igreja. O encontro de catequese deve ser empolgante, animado e programado.

Por isso, é bom:

- 👍 Motivá-los para atividades corporais, respeitando seus limites e suas habilidades; orientá-los sobre as características pessoais que devem ser respeitadas e acolhidas no grupo.

- 👍 Valorizá-los em suas conquistas e descobertas, animando-os nas derrotas e mediante as frustrações, tratando-os com amor e muita atenção.

- 👍 Estimular a participação em trabalhos de grupo, reforçar o valor da contribuição pessoal em atividades, jogos e dinâmicas.

- 👍 Promover debates e atividades para exporem suas ideias, de modo a atendê-los em suas curiosidades e necessidades, ouvindo-os e orientando-os.

- 👍 Incentivá-los para a pesquisa e leituras bíblicas – atividades em grupo podem ajudar.

- 👍 Encarregá-los de pequenas tarefas na comunidade, dando-lhes a devida responsabilidade.

> "Acolher o adolescente na comunidade e favorecer o compromisso real e fiel na mesma..." (DNC 196)

- 👍 Organizar pequenos torneios e gincanas, promovendo gestos concretos de fraternidade e solidariedade – investir em jogos cooperativos.

- 👍 Reforçar sempre o valor da presença dos pais, valorizando os ensinamentos dados pela família.

- 👍 Orientar sobre as dúvidas, considerando o crescimento físico e o amadurecimento sexual dos catequizandos, mais acentuado na pré-adolescência.

- 👍 Integrá-los na "roda" de novos amigos, favorecendo as novas amizades sem forçar a formação de grupos.

Muitos catequizandos dessa faixa etária, depois da Primeira Eucaristia, se afastam ou não encontram espaço em nossas comunidades por falta de um projeto que favoreça a perseverança na experiência pessoal e comunitária da fé. A fim de atender essa necessidade, a catequese precisa se organizar para acompanhá-los, favorecendo a formação permanente da fé e da consciência para que não se afastem da Igreja, tampouco de Deus, pois construir o Reino é a vontade de Deus e a nossa vocação – somos chamados para isso!

5 — 14 a 16 anos

Seguindo Jesus com a fé e o coração

Os anos formativos da adolescência agora podem ser vistos sob nova perspectiva. Temos, diante de nós, aqueles que despertam para um interesse ainda maior quanto à percepção de si mesmos e aos novos ideais.

Podemos chamar essa faixa etária de "tempo de interiorização", pois os catequizandos crescem na consciência de si mesmos, das potencialidades, dos sentimentos, das dificuldades e transformações que ocorrem em suas vidas (cf. DNC 195).

É o início de uma fase de grandes decisões... Nela, buscam e imaginam um Deus que responda aos seus anseios, desejos e necessidades. Nesse processo, destacam-se 3 aspectos:

AMIZADE	Desperta para a amizade com Deus – a descoberta de um Deus fiel, Pai generoso, amigo e confidente fortalece os laços de amizade com Ele. Deus está pronto para confidenciar seus monólogos interiores, aliviando e solucionando seus sofrimentos e suas dificuldades pessoais (materiais e morais).
MODELO	Busca um Deus herói, que o ajude a vencer seus inimigos, que o defenda dos perigos com dedicação infinita, que zele por ele integralmente. Jesus Cristo é um modelo de herói – não esquece e não abandona o seu grupo.
REFÚGIO	Espera encontrar um lugar para se refugiar, onde possa se livrar dos conflitos da vida real, dos temores internos e externos. Arrisca isolar-se em Deus para fugir do seu mundo real.

> *"A característica principal dessa idade é o desejo de liberdade, de pensamento e ação, de autonomia, da auto-afirmação, de aprendizagem do inter--relacionamento na amizade e no amor."* (DNC 195)

Ainda que apresentem sinais de amadurecimento pessoal, são reais os desafios físicos, cognitivos, emocionais e religiosos que devem enfrentar. Também não podemos deixar de destacar, como características dessa fase, o esforço e as limitações frente à busca de abertura nas relações interpessoais.

O encontro de catequese deve favorecer o encorajamento diante dos sentimentos e desafios que podem desestabilizá-los: medo, vergonha, preconceito, puberdade, luto, sobretudo nesse tempo fortemente marcado pelo *bullying* que pode provocar o isolamento de quem se sente humilhado, inferiorizado. Ainda, nessa faixa etária, os catequizandos são considerados dinâmicos, portadores de uma crescente energia.

Diante de tal realidade da faixa etária, os encontros de catequese devem ser atraentes e dinâmicos, envolventes e desafiadores, provocando no grupo a vontade de descobrir e discernir o caminho da fé como opção de vida, uma escolha, um projeto de adesão a Jesus Cristo.

A compreensão e produção da linguagem verbal, facilidade para o discurso e exposição de ideias amadurecem muito a partir dessa idade. Muitos até se escondem, inibem essa capacidade para não se exporem publicamente, seja por timidez ou desinteresse. Com maior capacidade de raciocinar, estão sempre em busca de novidades tanto no campo da ciência como no campo da fé.

> É fundamental, na catequese com adolescentes, que o catequista traga para os dias de hoje o texto e as palavras de Jesus, favorecendo o estudo e acolhimento dos ensinamentos bíblicos em seus gêneros literários.

É visível a busca por independência e desligamento do círculo familiar. Para alguns, é uma aventura tentar ultrapassar todas as limitações de tempo e espaço. Elaboram seu próprio conceito de moralidade e tomam decisões movidos por múltiplas influências.

Apesar da aparente independência, são carentes de alguém por perto. Ciente disso, sem sufocá-los, o catequista deve falar-lhes com firmeza e autoridade, ser-lhes um amigo presente e autêntico.

O catequista precisa ser, também, um motivador para que os catequizandos participem das atividades e dos eventos da comunidade em favor da família de fé e da natureza. Desta forma os ajuda a se reconhecerem como corresponsáveis na construção do Reino e na preservação do planeta. Assim, o catequista passa a ser um introdutor no mistério da fé e na vida comunitária, possibilitando uma adesão pessoal e espontânea.

O gosto pela vida e as várias formas de autocrítica são características dessa faixa etária. Por isso, nos encontros de catequese é importante promover momentos de autoconhecimento através da reflexão sobre conquistas, alegrias, esperanças, desejos próprios da juventude e diferenças de personalidade. Cabe ao catequista, ainda, trabalhar os sentimentos negativos, uma vez que é comum haver os que nutrem rancor, desejos de vingança e de violência entre eles, situações que precisam ser trabalhadas e nunca camufladas.

Em busca do entendimento da existência de Deus, apoiam-se na contribuição de ensinamentos, normas, regras e princípios apresentados pela religião. Isso pode ajudar na tomada de decisões e no crescimento da fé que ocorrem durante a formação religiosa. Aos poucos vão se motivando para a participação em um grupo de juventude, seja por seu aspecto social ou religioso.

Portanto, é sempre bom motivá-los para o engajamento pastoral e missionário na Igreja, promovendo encontros e retiros de espiritualidade preparados por eles e para eles.

6

17 a 25 anos

Caminhando com Jesus

É uma preocupação e, ao mesmo tempo, uma urgência para todos nós assumir a missão de abrir caminhos para o desenvolvimento dos jovens que buscam encontrar Jesus e caminhar com Ele.

Bem sabemos que, para evangelizar, devemos anunciar Jesus Cristo e nos aproximarmos dele. Apresentar Jesus é o ponto de partida para aqueles que se colocam no caminho do seguimento. Seguir seus ensinamentos é aceitar o convite de um itinerário de vida e fé – estar com Cristo, ser de Cristo e ser como Cristo.

Essa experiência do encontro vai se aprofundando com a inserção na comunidade eclesial, que favorece a participação dos jovens em um grupo de convivência. Esta, por sua vez, é fortalecida no processo de educação da fé rumo à maturidade em Cristo.

{ "A juventude é a fase das grandes decisões. Os jovens passam a assumir seu próprio destino e suas responsabilidades pessoais e sociais". DNC 189 }

Os jovens precisam ser acolhidos e envolvidos como protagonistas na construção do Reino de Deus para que cada um assuma o seu papel como agente ativo no processo de iniciação à vida cristã.

Para os catequistas, a tarefa mais desafiadora é conhecer para evangelizar. Esse tempo para o conhecimento de nossos jovens exige disponibilidade e flexibilidade para acolher, respeitar e acompanhar a variedade de comportamentos e situações de uma juventude que não pode ser definida por um único perfil. São muitas as realidades, os desafios, os anseios e as potencialidades de nossos jovens.

O impacto causado pela velocidade das transformações culturais e históricas no processo de crescimento social e espiritual da juventude nos convoca para uma missão especial. Hoje, novas portas se abrem e novas atitudes vão se tornando um desafio na missão em vista da construção de um futuro bom para os jovens, quer estejam inseridos nas comunidades ou fora delas.

> "A catequese aos jovens será mais proveitosa se procurar colocar em prática uma educação da fé orientada ao conjunto de problemas que afetam suas vidas. (...) É urgente propor aos jovens uma catequese com itinerários novos, abertos à sensibilidade e aos problemas desta idade que são de ordem teológica, ética, histórica ou social." (DNC 193)

A espiritualidade como busca de razões para viver se acentua, mas não garante um envolvimento com uma religião institucionalizada – uma Igreja. É possível ver uma multidão de jovens em busca de uma experiência sagrada que envolva os sentimentos e as emoções. A Boa Nova do Evangelho precisa ser apresentada de forma que o jovem encontre respostas para adequá-las às dimensões de sua vida.

Nessa fase, os jovens:
- Buscam modelos e referências – o que ajuda no processo de evangelização e na apresentação de Jesus Cristo (Ele é o caminho!).
- Procuram respostas para angústias, dúvidas, medos e aspirações mais intensas – fazer a experiência do encontro com Jesus fortalece a fé e a certeza de que Ele é um amigo fiel e companheiro.

> ▸ Querem ser ouvidos – o amigo Jesus é o companheiro de caminhada que escuta e dialoga com os jovens, orientando-os e capacitando-os para a missão.
>
> "Nesta fase, frequentemente, se notam também o afastamento e a desconfiança em relação à Igreja. Não é raro se constatar falta de apoio espiritual e moral das famílias e a precariedade da catequese recebida." (DNC 190)

Vivem com intensidade sentimentos e fortes emoções. Também Jesus viveu com intensidade sua vida, se envolveu com sua gente, fez amizades sinceras, foi perseverante no seu projeto de vida, falava com entusiasmo sobre o Reino, sorriu, chorou, soube criticar com sabedoria o sistema injusto de sua época, foi um filho obediente que soube dar testemunho do amor infinito de Deus. E isso contribuiu para a construção de uma vida de muita intimidade com o Pai.

Quando motivado para se tornar discípulo missionário de Jesus, o jovem torna-se grande evangelizador de outros jovens. Ele pode ser despertado para um comprometimento com a comunidade por meio da escuta orante da Palavra, dos momentos de oração pessoal, de retiros e da interação com a vida através da arte (música, dança, teatro...).

Os jovens, em geral, são muito sensíveis aos desafios sociais. O catequista desempenha um papel importante na formação da fé e da consciência de seus catequizandos jovens, podendo incentivá-los a participar de projetos humanitários e capacitá-los para o exercício da cidadania.

Quando acolhidos e valorizados, os jovens empolgam-se com os trabalhos na comunidade, são ativos e criativos . O envolvimento nas atividades amplia o sentimento de pertença a uma comunidade eclesial.

São críticos e, por isso, exigem ter uma liderança com testemunho autêntico e próxima deles, o que facilita a compreensão das estruturas e do contexto histórico no qual sua comunidade está inserida.

O coração da juventude é um campo de missão! A evangelização da juventude é uma fecunda oportunidade para a formação de cristãos para um novo tempo. O envolvimento dos jovens com a Igreja favorece a coragem de dar resposta ao chamado de Jesus para o seguimento, despertando muitas e santas vocações.

Bento XVI, por ocasião da XXII Jornada Mundial da Juventude, em 2007, dirigiu uma mensagem de estímulo à juventude para que se animasse a crescer no amor e para o amor:

> O Espírito Santo faça com que sejais inovadores na caridade, perseverantes nos compromissos que assumis, e audaciosos nas vossas iniciativas, a fim de que possais oferecer o vosso contributo para a edificação da 'civilização do amor'. O horizonte do amor é verdadeiramente infinito: é o mundo inteiro!

Também, com palavras provocativas como os jovens gostam, convidou a juventude para uma vida revestida de um amor forte e belo:

> Queridos jovens, gostaria de vos convidar a 'ousar o amor', isto é, a não desejar nada para a vossa vida que seja inferior a um amor forte e belo, capaz de tornar toda a existência uma jubilosa realização da doação de vós próprios a Deus e aos irmãos, à imitação d'Aquele que mediante o amor venceu para sempre o ódio e a morte (cf. Ap 5,13). O amor é a única força capaz de mudar o coração do homem e a humanidade inteira, tornando proveitosas as relações entre homens e mulheres, entre ricos e pobres, entre culturas e civilizações.

Depois de um longo período de desenvolvimento humano e cristão, o jovem, quando acompanhado em seu processo de amadurecimento de fé, torna-se perseverante nas suas "batalhas" e conquistas. Nossas comunidades podem se tornar um celeiro de jovens vocacionados para a construção de um mundo mais humano, tendo-os como protagonistas de suas próprias histórias. Assim, o jovem cristão não será somente o futuro da Igreja e da nação, mas o presente que faz a diferença, sendo o sal da terra e luz do mundo.

Concluindo

A catequese está a serviço de todos os homens e do homem todo, em suas diferentes faixas etárias e dimensões. O cristão se tornará adulto na fé quando tiver alicerçados sua confiança em Deus, sua postura de vida e seu compromisso social e religioso. É para isso que nós, catequistas, fomos chamados!

Fomos chamados para acolher e educar na fé crianças, adolescentes, jovens e adultos em nossas comunidades, para caminhar com eles. Para isso, respondemos ao chamado de ser discípulo missionário de Jesus Cristo.

Jesus nos chama para uma missão especial. Quantas coisas a fazer nesse momento, quantos lugares para conhecer, quantas atrações o mundo nos oferece, mas nós, catequistas, estamos aqui! Juntos na mesma missão... É na Igreja e pela Igreja que assumimos a missão de anunciar o Reino. Encantados por Jesus Cristo e por seus ensinamentos é que fazemos com que os nossos encontros catequéticos se tornem sempre e cada vez mais um lugar de encontro pessoal com o Senhor. Nossa alegria é ver cada catequizando crescendo na fé e caminhando ao encontro de Jesus, tendo os olhos fixos nele.

O chamado de Jesus é pessoal e muda a vida!

Assim como mudou a nossa vida, pode mudar a vida de muitos. Nas mais diferentes situações, Ele fez sua catequese se transformar num chamado para uma nova vida.

Por muitas vezes e ainda hoje, Jesus diz: Vem e segue-me!

Ser catequista é tornar-se uma pessoa que, no caminho do discipulado, vive a alegria de transmitir a fé cristã, identificada com sua gente, sua comunidade, seus catequizandos, deixando-se conduzir pelo Espírito Santo, como Mestre interior, que confirma sua identidade de discípulo missionário de Jesus de Nazaré.

Coragem, catequistas! Estamos juntos na missão.

Paulo Gil

Referências

BENTO XVI. **Audiência Geral de 30 de janeiro de 2013**: Creio em Deus Pai Todo-Poderoso. Disponível em: <http://w2.vatican.va/content/benedict-xvi/pt/audiences/2013/documents/hf_ben-xvi_aud_20130130.html>. Acesso em: 30 ago. 2016.

_____. **Mensagem do Papa BENTO XVI para a XXII Jornada Mundial da Juventude** (1 de Abril de 2007). Disponível em: <http://w2.vatican.va/content/benedict-xvi/pt/messages/youth/documents/hf_ben-xvi_mes_20070127_youth.html>. Acesso em: 20 ago. 2016.

CANSI, Bernardo. **A experiência de Deus que mora em nós**. Petrópolis: Vozes, 1997.

CONFERÊNCIA NACIONAL DOS BISPOS DO BRASIL. **Diretório Nacional da Catequese**. Brasília: Edições CNBB, 2006.

CATECISMO DA IGREJA CATÓLICA (CaIC). Petrópolis: Vozes; São Paulo: Paulus, Paulinas, Ave-Maria, 1993.

CONSELHO EPISCOPAL LATINO-AMERICANO (CELAM). **Documento de Aparecida**: texto conclusivo da V Conferência Geral do Episcopado Latino-Americano e do Caribe (DAp). Brasília: Edições CNBB; São Paulo: Paulinas e Paulus, 2007.

DELMINE, Roger; VERMEULEN, Sonia. **O desenvolvimento psicológico da criança**. São Paulo: EDUSC, 1999.

FREIRE, Paulo. **A importância do ato de ler**: em três artigos que se completam. São Paulo: Cortez; Autores Associados, 1989. (Coleção Polêmicas do nosso tempo).

_____. **Pedagogia do Oprimido**, 36ª ed. Rio de Janeiro: Paz e Terra, 2003.

Gil, Paulo Cesar. **Catequese por idades**. Escola de Catequistas RESA – Arquidiocese de São Paulo, 1998. Apostila.

METTE, Norbert. **Pedagogia da religião**. Petrópolis: Vozes, 1999.

SAGRADA CONGREGAÇÃO PARA O CLERO. **Diretório Geral para a Catequese**. São Paulo: Paulinas, 1998.

TIBA, Içami. **Ensinar aprendendo**. São Paulo: Gente, 1998.

TIERNO, Bernabé. **Educar hoje**: dos seis aos vinte anos. São Paulo: Paulinas, 1997.

TORRALBA, Francesc. **Inteligência espiritual**. Petrópolis: Vozes, 2012.

Conecte-se conosco:

facebook.com/editoravozes

@editoravozes

@editora_vozes

youtube.com/editoravozes

+55 24 2233-9033

www.vozes.com.br

Conheça nossas lojas:

www.livrariavozes.com.br

Belo Horizonte – Brasília – Campinas – Cuiabá – Curitiba
Fortaleza – Juiz de Fora – Petrópolis – Recife – São Paulo

EDITORA VOZES LTDA.
Rua Frei Luís, 100 – Centro – Cep 25689-900 – Petrópolis, RJ
Tel.: (24) 2233-9000 – E-mail: vendas@vozes.com.br